Ein Sommertag im Freibad. Ein kleiner Junge steht oben auf dem Drei-Meter-Brett, schaut auf das tiefe Wasser unter ihm, blickt auf seine Freunde, die erwartungsvoll zu ihm hochgucken. Er würde am liebsten klammheimlich die Treppe wieder hinunterklettern und nicht springen. Sollen doch die anderen tapfer sein! Doch jetzt kann er nicht mehr zurück. Er hat es sich für heute in den Kopf gesetzt. Und er tut es, er springt. Mit stolzem Lächeln taucht er wieder auf. Das Lächeln bleibt für den restlichen Tag in seinem Gesicht. Denn das Gefühl ist wunderbar: Ich habe geschafft, was ich mir vorgenommen habe, und den anderen gezeigt, wie mutig ich sein kann.

Jedem Menschen geht es hin und wieder so wie dem kleinen Jungen auf dem Drei-Meter-Brett. Nur die Herausforderungen sind andere geworden: der Jobwechsel, die Prüfung, die bald ansteht, der Umzug in eine fremde Stadt. Vor alldem hat man ein mulmiges Gefühl, würde am liebsten alles wieder rückgängig machen. Wie der

Junge daran denken, die Leiter hinunterzuklettern, statt zu springen. Doch das geht nicht mehr. Wer ein Ziel hat, will es auch umsetzen. Vielleicht geht es einem Menschen kurzfristig besser, wenn er der Hürde ausgewichen ist. Doch langfristig wird er unzufrieden werden. Bei ihm wird sich das Gefühl einschleichen, etwas nicht geschafft zu haben. Umgekehrt fühlt sich jeder, der ein Hindernis genommen hat, beschwingt und glücklich.
Motor für viele Herausforderungen sind immer unsere Träume. Sie sorgen dafür, dass wir über uns hinauswachsen können, sie sind keine Schäume. Sie helfen uns, konkrete Ziele und Wünsche zu entwickeln. Das Einzige, was man dazu braucht, ist der feste Glaube an sich selbst. Die innere Kraft, die sagt: Du schaffst das! Ganz sicher! Dass Sie diese Kraft immer wieder finden, wünscht Ihnen

Jutta Oster

Dem weht kein Wind,

der keinen Hafen hat, nach dem er segelt.

Michel de Montaigne

Bitte durchhalten!

Situationen, in denen Menschen das Herz bis zum Hals klopft? Oder in denen sie sich richtig anstrengen, manchmal sogar kämpfen müssen? Hier sind einige:

* Der erste Tag im neuen Büro oder Betrieb

* Der Marathonlauf

* Das Erobern eines Herzens

* Das Vorstellungsgespräch

* Die Operation, die schon lange ansteht

* Die erste Liebeserklärung

* Die Rede vor Publikum

* Das Abnehmen

* Der erste Satz in einer Fremdsprache im Ausland

* Die Führerscheinprüfung

* Der Start in einer neuen Stadt

* Das erste Mal Skifahren

* Der erste Kuss

- ✷ Das Vorstellen eines wichtigen Projektes nach langer Arbeit daran
- ✷ Die Geburt eines Kindes
- ✷ Das erste Kennenlernen der zukünftigen Schwiegereltern
- ✷ Die Aussprache mit der besten Freundin/dem besten Freund, wenn man sich über sie oder ihn sehr geärgert hat
- ✷ Die Hochzeit
- ✷ Die mündliche Prüfung
- ✷ Das Rauchen abgewöhnen
- ✷ Die Pubertät der eigenen Kinder
- ✷ Der Hausbau

✷ ✷ ✷

Das Außerordentliche geschieht nicht auf glattem, gewöhnlichem Wege.
Johann Wolfgang von Goethe

✷ ✷ ✷

Was braucht man, um erfolgreich zu sein? Unwissenheit und Selbstvertrauen.
Mark Twain

Jetzt pack ich es an!

20 Motivationshelfer auf dem Weg zu Ihrem Ziel

1. Sie wollen sich um einen neuen Job bewerben, eine Sprache lernen, endlich mehr Sport treiben? Nur schieben Sie diese guten Vorsätze schon eine Weile vor sich her? Motivations-Experten empfehlen, Ziele innerhalb von 72 Stunden anzugehen. Also: Etwas auf morgen zu verschieben, ist völlig in Ordnung. Aber nächste Woche haben Sie Ihr Ziel vielleicht schon wieder aus den Augen verloren.

2. Auch wenn der Tag noch so schlecht gelaufen ist – täglich gibt es etwas, das gut geklappt hat. Einen Bereich, in dem Sie einen Schritt weitergekommen sind. Das kann ein nettes Gespräch mit einer Kollegin sein, die Sie eigentlich für schwierig gehalten haben. Notieren Sie sich täglich alle Erfolge, die kleinen und die großen. Langfristig gibt Ihnen das eine positivere Sicht.

1. ____ ✓
2. ____ ✓
3. ____ ✓
4. ____ ✓
5. ____ ✓
6. ____
7. ____
8. ____
9. ____

3. Wenn Sie etwas erreichen wollen, ist es wichtig, dass Sie Ihre Stärken kennen und richtig einsetzen. Überlegen Sie, worin Sie besonders gut sind. Falls Sie unsicher sind: Gute Freunde werden Ihnen eine ehrliche Antwort geben.

4. Vielleicht haben Sie einen Traum vor Augen, ein Ziel, das Sie erreichen möchten. Aber gleichzeitig haben Sie auch das Gefühl, vor einem riesigen, unüberwindlichen Berg zu stehen? Sie wissen gar nicht, wo Sie anfangen sollen? Eine kleine Hilfe: Teilen Sie Ihr großes Ziel in viele kleine auf. Dann haben Sie mehr Motivation, endlich anzufangen, und können schneller Erfolgserlebnisse verbuchen. Es ist ein befriedigendes Gefühl, Erledigtes auf einer Liste abzuhaken.

5. Wer Erfolg haben will, darf nicht zu zaghaft sein. Nicht nach außen und nicht in Gedanken. Statt „Ich gebe mir Mühe", „Ich will es versuchen" können Sie auch sagen: „Ich packe das an." – „Ich kann und will das."

6. Versuchen Sie, sich solche Ziele vorzunehmen, die zu Ihnen und Ihren Begabungen passen. Nicht jeder kann Millionär oder Topmanager werden, wie das manche Motivationstrainer versprechen. Sie haben sicher viel außergewöhnlichere Talente!

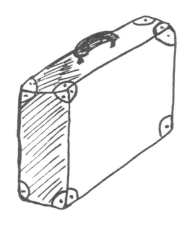

7. Manchmal hilft es, sich selbst zu überlisten. Wenn Sie Freunden erzählen, dass Sie abnehmen wollen oder eine große Reise planen, nehmen Sie sich selbst in die Pflicht. Vermutlich werden auch die Freunde hin und wieder nachhaken, was denn aus den Plänen geworden ist …

8. Keiner kann sich immer nur anstrengen und auf ein Ziel hinarbeiten. Sie brauchen auch Pausen. Zeiten, in denen Sie sich nur ausruhen oder das tun, was Ihnen Spaß macht. Sonst fühlen Sie sich irgendwann erschöpft. Sie kommen nicht dazu, sich diese Zeiten zu gönnen? Dann treffen Sie eine Verabredung mit sich selbst, einen Termin, den Sie genauso zuverlässig einhalten wie all die anderen Termine.

9. Optimisten haben es leichter: Sie können offener auf andere Menschen zugehen und nehmen Rückschläge gelassener hin. Sie gehen davon aus, dass ihnen das meiste gelingt und Fehler einfach dazugehören. So locken sie das Glück auf ihre Seite.

10. Nur wer fest daran glaubt, dass er etwas bewegen kann, wird auch daran arbeiten. Wenn Sie bei der Arbeit weiterkommen möchten, aber Ihr Chef Ihnen keinen Spielraum dazu gibt, werden Sie schnell an den engen

Grenzen scheitern. Dann ist es wichtig, auch am äußeren Umfeld etwas zu verändern: mit dem Chef und den Kollegen sprechen, zeigen, dass Sie über die tägliche Arbeit hinaus zu Aufgaben bereit sind.

11. Manchmal kommen Ihnen gute Ideen, aber am nächsten Morgen haben Sie sie schon wieder vergessen? Tragen Sie ein kleines Notizbuch mit sich, in das Sie all Ihre Ideen schreiben können. Manchmal kommen einem die besten Einfälle nämlich in entspannten Situationen, zum Beispiel auf dem Sofa oder unter der Dusche, und nicht am Schreibtisch.

12. Vielleicht spüren Sie eine diffuse Unzufriedenheit, wollen in einem Bereich Ihres Lebens, der Arbeit, der Freizeit oder im Kontakt zu Freunden, etwas verändern. Aber Sie wissen nicht so recht, was und wie Sie die Sache anpacken sollen. Dann hilft es, sich möglichst konkret zu überlegen, was Sie ändern können, und die Ziele am besten auch aufzuschreiben. Statt „Ich sehe meine alten Freunde kaum noch": „Ich will mich von jetzt an regelmäßig, einmal im Monat, mit meinen Freunden treffen."

13. Wir füllen alle verschiedene Rollen aus, im Beruf, in der Familie, bei Freunden, und müssen uns auch noch um uns selbst und unsere Gesundheit kümmern. Es hilft nicht, sich stark auf einen Lebensbereich zu konzentrieren und die anderen zu vernachlässigen. Sonst gerät das Gefüge ins Wanken. Wer sich beispielsweise nur noch um seinen Job kümmert und 14 Stunden täglich arbeitet, wird Probleme mit der eigenen Familie oder seiner Gesundheit bekommen. Deshalb: Ziele überlegen, die mit allen Lebensbereichen vereinbar sind.

14. Nur Geduld – Sie müssen nicht alles auf einmal verändern. Gehen Sie lieber in kleinen Schritten vor, dann ist die Wahrscheinlichkeit größer, dass Sie Ihre neuen Gewohnheiten (zum Beispiel morgens früher aufstehen, zweimal wöchentlich joggen, gesünder essen …) auch beibehalten.

15. Kollegen zurückrufen, den Schreibtisch aufräumen, E-Mails beantworten, die Unterlagen ausfüllen – hin und wieder geht es gar nicht anders: Man muss mehrere Dinge gleichzeitig tun. Doch grundsätzlich ist es besser, konzentriert eines nach dem anderen zu erledigen. Sonst passieren leicht Flüchtigkeitsfehler, und Ihnen fehlen

die kurzen Entspannungsphasen zwischen den einzelnen Aufgaben.

6. Auch mit der größten Aufmerksamkeit lässt es sich nicht vermeiden: Fehler gehören genauso zur Arbeit wie der Erfolg am Ende. Nehmen Sie Kritik an, aber lassen Sie sich davon nicht längerfristig verunsichern.

7. Manche Menschen blockieren sich selbst, weil sie zu perfekt sein wollen. Sie sitzen stundenlang vor dem weißen Bildschirm und suchen nach dem optimalen ersten Satz für ihre Bewerbung, die Rede oder den wichtigen Brief. Dann empfiehlt es sich, erst einmal mit der zweitbesten Lösung anzufangen. Verbessern kann man den Text hinterher immer noch.

8. Freuen Sie sich über Lob und hören Sie genau hin, wenn jemand etwas Nettes über Sie sagt. Die meisten neigen dazu, Komplimente verlegen abzutun. Dabei stärkt Lob ihr Selbstbewusstsein und beflügelt sie bei ihren Aufgaben.

9. Falls Sie dazu neigen, Pflichten immer wieder aufzuschieben: Tragen Sie sie mit festen Terminen in Ihren Kalender ein.

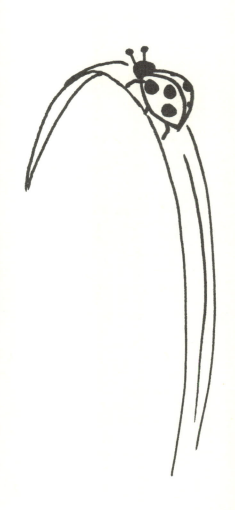

20. Wenn Sie vor einer Aufgabe großen Respekt haben, fangen Sie genau damit an. Denn wer zunächst mit dem Nebensächlichen beginnt, neigt dazu, sich zu verzetteln. Dann erledigen Sie die Routineaufgaben und schieben dabei die Hauptsache vor sich her. Deshalb: Zuerst das Schwierige, dann das Leichtere.

Wenn A für Erfolg steht, gilt die Formel
$A = X + Y + Z$.
X ist Arbeit, Y ist Muße und Z heißt Maulhalten.

Albert Einstein

Der ans Ziel getragen wurde,
darf nicht glauben, es erreicht zu haben.

Marie von Ebner-Eschenbach

Und jedem Anfang wohnt ein Zauber inne

Wenn bei der Arbeit gerade alles läuft, man die Kollegen, ihre Macken und die Abläufe im Betrieb gut kennt, sich so etwas wie Routine einschleicht, werden manche Menschen sehr unruhig. Sie beginnen, sich zu langweilen, und wollen etwas verändern. Wenn sie ein Baby bekommen haben, die Familie sich gerade aufeinander eingespielt hat, wünschen sie sich das zweite Kind. Wenn sie gelernt haben, auf Skiern einigermaßen solide den Hang herunterzukommen, wollen sie auch noch das Snowboarden lernen. Und wenn sie sich in einer Stadt gut eingelebt haben, ziehen sie schon wieder in die nächste. Um dort wieder von vorn anzufangen.

Warum ruhen sich Menschen nicht auf dem Erreichten aus? Warum streben sie immer wieder nach Neuem, Höherem, anderem? Ganz einfach: Wir brauchen die Herausforderung. „Und jedem Anfang wohnt ein Zauber inne", beschreibt Hermann Hesse in seinem Gedicht „Stufen" das Gefühl.

Wir wollen nicht stehen bleiben. Das bedeutet Langeweile, Stagnation. Wir wollen uns stattdessen weiterentwickeln, an uns arbeiten, Stufen hochklettern – auch wenn es anstrengend ist. Es lockt uns, Unbekanntes zu entdecken, und wir wollen immer wieder den Reiz einer schwierigen Aufgabe spüren. „Nur wer bereit zu Aufbruch ist und Reise, mag lähmender Gewöhnung sich entraffen", schreibt Hermann Hesse dazu. „Wohlan denn, Herz, nimm Abschied und gesunde!"

* * *

Wenn das Leben
keine Vision hat,
nach der man strebt,
nach der man sich ver-
zehrt, die man verwirk-
lichen möchte, dann
gibt es auch kein Motiv,
sich anzustrengen.

Erich Fromm

Das Erlebnis des Flow

Oder: Warum Anstrengung glücklich macht

Ein Kind, ungefähr zwei Jahre alt, räumt die Küchenschublade aus. Und wieder ein. Und wieder aus. Sein Gesicht zeigt, dass es sich dabei ungeheuer anstrengen muss und dass es vollkommen konzentriert bei der Sache ist. Ein Spiel, sagen Sie? Harte Arbeit, würden Pädagogen sagen. Denn das Kind lernt dabei. Es ist in einen Zustand der Selbstvergessenheit geraten.

Den Zustand können auch Erwachsene noch erreichen. Wenn sie sich bei einer Aufgabe sehr anstrengen, sich dabei aber nicht zu viel zumuten, können auch sie ein tiefes Glücksgefühl empfinden. Der Glücksforscher Mihaly Csikszentmihalyi nennt dieses Erlebnis Flow. Er hat nachgewiesen, dass Flow besonders häufig bei der Arbeit vorkommt, aber praktisch gar nicht bei eher anspruchslosen Tätigkeiten wie Fernsehen. Der Glücksforscher glaubt deshalb, dass die Menschen bei ihrer Arbeit glücklicher sind als in ihrer Freizeit. Auch wenn viele das anders beurteilen.

Das heißt also, dass man für eine Anstrengung nicht nur mit Erfolg belohnt wird, sondern auch mit einem tiefen Gefühl der Zufriedenheit. Um den Zustand des Flow zu erreichen, müssen allerdings bestimmte Bedingungen erfüllt sein. Man braucht ein Ziel, das einen weder unter- noch überfordert. Denn Unterforderung bringt Langeweile, während Überforderung Angst macht. Gut ist es, wenn es einen Menschen gibt, der einen ehrlich kritisiert, aber genauso auch lobt, der einem regelmäßig eine Rückmeldung gibt. Dann stehen die Chancen gut, dass Sie in Ihrer Aufgabe ganz aufgehen, die Welt um Sie herum vergessen.

Übrigens erleben nicht nur Topmanager oder Kreative das Gefühl des Flow. Es ist in jedem Bereich möglich, in dem man sich durch eine Aufgabe herausgefordert fühlt. Flow kann etwa der Schreiner empfinden, der einen besonders tollen Schrank entwickelt hat. Es geht nur um den festen Willen und die Lust an einer Aufgabe.

Erfolg ist eine Folgeerscheinung,

niemals darf er zum Ziel werden.

Gustave Flaubert

Das hab ich mir verdient!

Nachdem Sie sich angestrengt haben, brauchen Geist und Körper eine Ruhepause. Zum Gar-nichts-Tun oder für das, was Ihnen Spaß macht. Kleine Anregungen gefällig?

* An einem lauen Sommerabend mit einem Glas Wein und einem guten Buch auf dem Balkon sitzen

* Duftende Badezusätze kaufen und sich in die Wanne legen

* Ganz bewusst eine CD hören und dabei gar nichts tun, zum Beispiel Vivaldis „L'estro armonico"

* Eine Runde joggen, walken oder skaten

* Mit Freunden ausgiebig telefonieren oder sich zu einem gemütlichen Plausch verabreden

* Im Café Zeitung lesen, und zwar nicht nur die Nachrichten auf der ersten Seite, sondern auch die langen Reportagen

* Mit viel Zeit etwas Gesundes kochen, zum Beispiel im Wok

* Sich eine halbe Stunde Mittagsschlaf gönnen

* Sich im Reisebüro Prospekte besorgen und den nächsten Urlaub planen (und davon träumen)

* Einen Brief schreiben, und zwar ganz altmodisch mit Papier und Stift

* Mit seinen Kindern durch den Wald spazieren

* Ins Kino gehen und den Film anschauen, den Sie sich schon lange vorgenommen hatten

* Einkaufen gehen und sich einen kleinen Luxus gönnen, zum Beispiel die Pralinen aus der Konditorei

* An einen See, ans Meer oder an einen Fluss fahren und die beruhigende Wirkung des Wassers spüren

* In einem Buch schmökern und Geschichten lesen (zum Beispiel „Liebesgeschichten" von Marie Luise Kaschnitz)
* Eine lange Fahrradtour machen
* In die Wolken gucken und aus den Gebilden Figuren deuten
* Alte Fotos anschauen und einkleben
* Im Garten arbeiten, Kräuter pflanzen und Blumen aussäen
* Sich in den Biergarten unter Bäumen setzen

* * *

Eine mächtige Flamme entsteht aus einem winzigen Funken.

Dante Alighieri

Die Leichtigkeit des Seins

In vielen Krankenhäusern oder Altenheimen arbeiten inzwischen Clowns. Sie können zwar weder mit Spritzen umgehen noch Medikamente verschreiben, doch sie haben eine andere wirkungsvolle Medizin: Humor. Lachen entspannt und macht ein bisschen glücklicher, das ist erwiesen. Auch wenn Sie sich anstrengen, ein Ziel erreichen wollen, kann Ihnen Humor helfen. Witz und Gelassenheit sind viel bessere Begleiter als Verbissenheit und Härte. Denn: Menschen mit Humor werden in der Regel als besonders souverän, kompetent und sympathisch eingestuft. Gerade wenn es bei der Arbeit turbulent zugeht, wirkt eine Prise Leichtigkeit wohltuend. Sie sorgt dafür, dass der Stress nicht übermächtig wird. Gelassene Mitarbeiter behalten leichter den Überblick. Humor sorgt dafür, dass keiner so leicht den Kopf verliert. (Allerdings darf man Leichtigkeit nicht mit Leichtsinn verwechseln. Denn den Leichtsinnigen passieren leichter Fehler.) Und wenn es einmal wirklich nichts zu lachen gibt? Dann stellen Sie sich vor, wie

Sie in einigen Monaten mit dem Ereignis umgehen werden. Können Sie dann darüber lachen oder werden Sie es wenigstens weniger schwer nehmen? Das gibt Ihnen Abstand und bewahrt Sie davor, sich von einer schwierigen Situation überwältigen zu lassen. Also, weniger Perfektion und mehr Humor! Diese Leichtigkeit gibt Raum für neue, kreative Ideen.

* * *

5 Tipps
für mehr Gelassenheit

1. Bei Aufregung tief durchatmen, das beruhigt. Nicht flach und hektisch atmen.

2. Wenn Sie über sich selbst lachen können, schaffen Sie sich viel Sympathie und gewinnen immer wieder Distanz zu Ihrer eigenen Situation.

3. Bitten Sie Kollegen oder Freunde, Ihnen ehrlich zu sagen, wenn Sie zu verbissen werden.

4. Gelassen ist, wer mit sich selbst nicht zu streng umgeht. Setzen Sie sich nicht zu sehr unter Druck und lassen Sie Arbeit auch mal Arbeit sein.
5. Wenn wir enttäuscht, traurig oder wütend sind, neigen wir meistens dazu, uns in diese Gefühle noch weiter hineinzusteigern. Bestseller-Autor Stefan Klein („Die Glücksformel") dagegen rät, negative Gefühle lieber unter Kontrolle zu halten. Dann ist die Enttäuschung oder Aufregung schneller vorbei.

Besessenheit ist der Motor – Verbissenheit ist die Bremse.

Rudolf Gametowitsch Nurejew

Die besten Mutmach-Sätze ...

* Du schaffst das schon!
* Ich glaube fest an dich.
* Auf dich würde ich mein Vermögen verwetten.
* Fang einfach an.
* Du machst das Rennen.
* Dir kann keiner das Wasser reichen.
* Du hast den nötigen Biss.
* Wenn ich das so gut könnte wie du!
* Für mich hast du schon gewonnen.
* Du bist die Beste/der Beste.

* * *

Bereit sein ist viel, warten können ist mehr,
doch erst: den rechten Augenblick nützen
ist alles.

Arthur Schnitzler

...und Sätze, die verunsichern

Zu Kindern:

* Lehrjahre sind keine Herrenjahre.
* Dafür bist du noch zu klein.
* Da musst du noch reinwachsen.
* Lass dir lieber helfen.
* Lass das mal die Mama/den Papa machen.

Zu Erwachsenen:

* Traust du dir das wirklich zu?
* Warum lässt du dir nicht helfen?
* Ich an deiner Stelle würde …
* Ist das nicht eine Nummer zu groß für dich?
* Du hast dich wohl übernommen.

* * *

Das Geheimnis des Erfolgs? Anders sein als die anderen.

Woody Allen

Schlagfertig: Mit einem Augenzwinkern kontern

K ennen Sie das? Jemand wirft Ihnen etwas an den Kopf, Sie möchten so gerne reagieren. Doch in Ihrem Kopf ist nur Watte, Ihnen will einfach keine originelle Idee einfallen. Hinterher, ja, da kommen einem die guten Ideen. Sätze, nach denen der andere schachmatt gewesen wäre. Die ihn sprachlos gemacht hätten. Doch hinterher ist es zu spät.

In manchen Situationen ist es wichtig, schnell zu reagieren, schlagfertig zu sein. Zum Beispiel, wenn der Kollege triumphierend auf einen Flüchtigkeitsfehler hinweist. Wenn die Freundin einen entmutigend fragt, ob man sich mit der Abenteuerreise nicht ein bisschen zu viel vorgenommen hat. Wer immer zu schüchtern ist, läuft Gefahr, übergangen zu werden. Wer dagegen schlagfertig antworten kann, verschafft sich Respekt und – wenn er dabei humorvoll und fair bleibt – Sympathie.

Schlagfertigkeit ist nicht allein eine angeborene Fähigkeit, sagen Trainer wie Matthias Pöhm. Sie lässt sich lernen. Durch einfache Standard-Formeln, die auf viele Situationen passen. Denn es kommt gar nicht so sehr darauf an, was man sagt, sondern darauf, dass man überhaupt reagiert. Kostprobe gefällig?

* Wenn jemand Sie wegen Ihres chaotischen Schreibtischs kritisiert, kontern Sie einfach mit einer Gegenfrage: „Wie haben Sie Ihren denn organisiert?" Damit lenken Sie von sich ab und gewinnen Zeit.

* Wenn Sie etwas noch nicht erledigt haben, was längst fertig sein müsste, verweisen Sie auf die Zukunft: „Reicht es, wenn die gewünschten Unterlagen am Nachmittag auf Ihrem Schreibtisch liegen?"

* Wenn Sie von einem unangenehmen Thema ablenken wollen, wenden Sie den alten Politiker-Trick an: „Darum geht es doch gar nicht. Es geht darum, dass …"

* Wenn Sie jemanden zu etwas überreden möchten, stellen Sie einfach eine Alternativfrage: „Schauen wir im Kino den Krimi oder den Liebesfilm an?" – „Treffen wir uns heute oder morgen?" Dass Ihr Gegenüber beides ablehnt, ist eher unwahrscheinlich. (Sie kennen allerdings den Trick und antworten mit „weder noch", wenn Sie nicht möchten.)

* * *

Nie entmutigt sein, Geheimnis meines Erfolges.

Ernest Hemingway

Begeisterung in allen Dingen

Glaube mir, dass eine Stunde der
Begeisterung mehr gilt als ein Jahr
gleichmäßig und einförmig dahinziehenden
Lebens. Die Ruhe ist dein Feind,
sie ist mein Feind, ist der aller Menschen –
ich meine die Ruhe der
untätigen Behaglichkeit. Ohne Streben kein
Erfolg, ohne Feuer kein Brand!

Christian Morgenstern

Gute Vorsätze

Warum fällt es bloß so schwer, zweimal die Woche ins Fitness-Studio zu gehen? Warum bröckelt die Begeisterung genau dann, wenn gerade der Jahresvertrag unterschrieben ist? Warum schmecken Pasta in Sahnesoße so viel besser als der gesunde Salat? Und wie oft sind Zigaretten wohl schon mit dem leeren Versprechen „Das war meine letzte!" im Aschenbecher versenkt worden? Sich Gutes vorzunehmen, ist leicht. Aber die guten Vorsätze auch langfristig einzuhalten, ist ganz schön schwer. Die meisten Menschen hängen nun einmal an lieb gewonnenen Gewohnheiten. Sich an Neues zu gewöhnen, braucht Willensstärke und Disziplin.

Unter den guten Vorsätzen gibt es echte Klassiker: sich im Beruf mehr anstrengen, öfter Sport treiben, sich gesünder ernähren, mit dem Rauchen aufhören, einige Kilos abnehmen. Um diese Vorsätze auch einzuhalten, können Sie es sich ein wenig leichter machen: sich einfach nicht zu viel auf einmal vornehmen. Wenn Sie täglich joggen wollen, werden Sie bald die Lust

verlieren. Wenn Sie aber zweimal die Woche eine halbe Stunde einplanen, steigen die Chancen, dass Sie diese Zeiten auch einhalten. Also: besser mit kleinen Schritten anfangen, als die guten Vorsätze nur vor sich herzuschieben.
Manchmal hilft es auch, die Lust, vielmehr die Unlust, zu überhören. Einfach anzufangen, ohne groß darüber nachzudenken. Wenn man sich erst einmal an den Schreibtisch gesetzt hat, um das Liegengebliebene abzuarbeiten, merkt man meistens schnell: So schlimm ist es gar nicht. Macht sogar Spaß, was wegzuschaffen. Im besten Fall wird der gute Vorsatz dann zu einer guten und lieb gewonnenen Gewohnheit.

Ganz oben auf der Liste meiner Erfahrungen steht die Erkenntnis, dass man unangenehmen Dingen nicht einfach aus dem Weg gehen kann.

Henry Ford

Rezepte für einen kühlen Kopf

Sie brauchen eine kleine Vitaminspritze, um sich wieder frisch zu fühlen und klar denken zu können? Diese fruchtigen Getränke lassen sich schnell zubereiten, sind gesund und machen fit. Die Zutaten werden in einem Mixer püriert.

Für einen guten Start in den Tag

Early morning wake up call

Für 1 Portion
Zutaten: 1 Apfel, 1 Banane, 1 EL gehackte Haselnüsse, 1 EL Haferflocken. 1 EL Honig, 2 El gestoßenes Eis, 1 EL Rosinen, 150 ml Orangensaft, 2 EL Joghurt

Und so geht's:

1. Den Apfel schälen, vierteln und vom Kerngehäuse befreien. Die Banane schälen.

2. Die Früchte in Stücke schneiden, mit Haselnüssen, Haferflocken, Honig, Eis, Rosinen und Orangensaft in einem Mixer ca. 2 Minuten pürieren.

3. Den Joghurt zugeben und alles nochmals kurz mixen.

Für eine kurze Pause zwischendurch

Smooth Sunflower

Für 1 Portion
Zutaten: 2 EL Rosinen, 150 ml Apfelsaft, 1 Banane, 2 EL Sonnenblumenkerne, 4 EL gestoßenes Eis

Und so geht's:

1. Die Rosinen 15 Minuten im Apfelsaft einweichen.

2. Die Banane schälen und in Stücke schneiden.

3. Die Rosinen mit Apfelsaft, Bananen-stücken, Sonnenblumenkernen und gestoßenem Eis in einen Mixer geben und ca. 2 Minuten pürieren.

Wenn Sie erschöpft sind

Jitterbug

Für 1 Portion
Zutaten: 2 Bananen, 1 Vanilleschote,
150 ml starker Kaffee (abgekühlt),
2 EL Ahornsirup, 4 EL gestoßenes Eis

Und so geht's:

1. Die Bananen schälen und in Stücke schneiden.

2. Die Vanilleschote längs aufschlitzen und das Mark herauskratzen.

3. Den Kaffee mit Bananenstücken, Vanillemark, Ahornsirup und Eis in einen Mixer geben und ca. 2 Minuten pürieren.

* * *

Der Weg zum Erfolg wäre kürzer, wenn es unterwegs nicht so viele reizvolle Aufenthalte gäbe.

Sacha Guitry

Die Kunst, Lob und Kritik anzunehmen

Wenn man jemandem ein Lächeln aufs Gesicht zaubern möchte, dann wirkt eines ganz bestimmt: ihm ein Kompliment zu machen. Doch schon im nächsten Moment wird der andere das Kompliment vermutlich abtun. „Das kann doch jeder, das ist doch nichts Besonderes." Oder: „Das ist doch gar nicht mein Verdienst." Es ist paradox. Über nichts freuen wir uns mehr als über ein ernst gemeintes Lob. Doch wenn wir eines bekommen, verkleinern wir uns selbst, entschuldigen uns fast für das, was wir können. Die meisten haben Angst, arrogant zu wirken, wenn sie ein Kompliment annehmen. Dabei kann ein Lob Auftrieb und neue Motivation geben. Deshalb: lieber annehmen und auskosten als abtun und schnell wieder vergessen. Einfach Danke schön sagen. Oder ein Gegenkompliment machen: „Freut mich sehr, dass dir das aufgefallen ist."

Schwieriger ist es, mit Kritik umzugehen. Denn Kritik greift das Selbstbewusstsein an, man beginnt leicht, an sich selbst zu

zweifeln. Dabei hat Kritik auch eine positive Seite. Sie kann Menschen helfen, über sich selbst hinauszuwachsen, denn sie ist zugleich eine Form von Rückmeldung. Und diese Resonanz kann einen motivieren, sich mehr anzustrengen, an sich selbst zu arbeiten.

Das ist allerdings leichter gesagt als getan. Wenn man kritisiert wird, möchte man im ersten Moment am liebsten einen Gegenangriff starten oder sich selbst verteidigen. Doch beides ist undiplomatisch.

Versuchen Sie lieber, dennoch zu lächeln – auch wenn's schwer fällt. Wenn Sie dazu noch sagen: „Ich werde darüber nachdenken", zeigen Sie Ihrem Gegenüber, wie souverän Sie mit der Kritik umgehen können. Auch der Satz „Vielen Dank, dass Sie mir das ehrlich gesagt haben", eignet sich in der Situation gut. Allerdings muss sich niemand jede Kritik gefallen lassen. Wenn jemand unverschämt oder beleidigend wird, kann man ihn ruhig in seine Schranken verweisen: „Darüber möchte ich mit Ihnen sachlich reden." Auch eine schlagfertige Antwort eignet sich gut.

$$* * *$$

Erfolge muss man langsam löffeln, sonst verschluckt man sich.

Erika Pluhar

Von Mut, Erfolg und Scheitern

Fink und Frosch

Auf leichten Schwingen frei und flink
Zum Lindenwipfel flog der Fink
Und sang an dieser hohen Stelle
Sein Morgenlied so glockenhelle.

Ein Frosch, ein dicker, der im Grase
Am Boden hockt, erhob die Nase,
Strich selbstgefällig seinen Bauch
Und denkt: Die Künste kann ich auch.

Alsbald am rauen Stamm der Linde
Begann er, wenn auch nicht geschwinde,
Doch mit Erfolg, emporzusteigen,
Bis er zuletzt von Zweig zu Zweigen,
Wobei er freilich etwas keucht,
Den höchsten Wipfelpunkt erreicht
Und hier sein allerschönstes Quacken
Ertönen lässt aus vollen Backen.

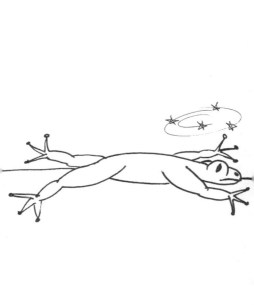

Der Fink, dem dieser Wettgesang
Nicht recht gefällt, entfloh und schwang
Sich auf das steile Kirchendach.

Wart, rief der Frosch, ich komme nach.
Und richtig ist er fortgeflogen,
Das heißt, nach unten hin im Bogen,
So dass er schnell und ohne Säumen,
Nach mehr als zwanzig Purzelbäumen,
Zur Erde kam mit lautem Quack,
Nicht ohne großes Unbehagen.

Er fiel zum Glück auf seinen Magen,
Den dicken, weichen Futtersack,
Sonst hätt er sicher sich verletzt.

Heil ihm! Er hat es durchgesetzt.

Wilhelm Busch

Jeder, der ein Ziel verfolgt, wird vermutlich hin und wieder auch Rückschläge erleben. Nicht alles geht so glatt, wie man es sich vorgestellt hatte. Manchmal macht man eine Bauchlandung wie der Frosch in dem Gedicht. Der Chef kritisiert das Projekt, an dem man so lange gearbeitet hatte. Die Bewerbung auf die neue Stelle kommt postwendend zurück. Oder der attraktive Mann,

um den man so lange geworben hatte, gibt einem einen Korb.

Dann ist es wichtig, über das Scheitern und seine Ursachen in Ruhe nachzudenken. Hat man sich Ziele gesetzt, die nicht den eigenen Begabungen entsprechen – wie der Frosch? Oder hat nur das nötige Fünkchen Glück gefehlt? Muss man an manchen Fähigkeiten einfach noch arbeiten? Unter den neuen Voraussetzungen können Sie mit neuem Schwung starten. Denn die Kunst besteht darin, sich nicht längerfristig entmutigen zu lassen.

* * *

Das Schiff ist sicherer, wenn es im Hafen liegt. Doch dafür werden Schiffe nicht gebaut.

Paulo Coelho

Teamarbeiter statt Einzelkämpfer

Ob Sie Kinder großziehen, sich im Job bewähren oder ein Haus bauen wollen – vieles geht leichter, wenn Sie mit Ihrem Partner, der Familie, Freunden oder Kollegen ein gutes Team bilden. Unter lieben Menschen kann man sich mit praktischer Hilfe unterstützen, sich gegenseitig Rat geben oder sich auch mal ehrlich die Meinung sagen, wenn einer das Gefühl hat, dass der andere die falsche Richtung einschlägt.

Nur darf diese Freundschaft nie zu einer Einbahnstraße werden. Was man sich selbst wünscht, muss man auch dem anderen geben. Nicht aus Pflichtgefühl, sondern weil man es gerne tut. Wenn einer immer nur von seinen Sorgen redet und der andere immer nur zuhören muss, wird die Freundschaft darunter leiden. Geben und Nehmen müssen unter Partnern, Freunden oder Kollegen ausgeglichen sein. Das muss nicht buchhalterisch aufgerechnet werden. Mal ist der eine in einer schwierigen Phase, mal braucht der andere Unterstützung. Doch die Bilanz sollte irgendwann stimmen.

Der Schlüssel
zum Erfolg
sind nicht
Informationen.
Das sind
Menschen.

Lee Iacocca

Bibliografische Information Der Deutschen Bibliothek

Die Deutsche Bibliothek verzeichnet diese Publikation
in der Deutschen Nationalbibliografie; detaillierte
bibliografische Daten sind im Internet über
http://dnb.ddb.de abrufbar.

Es ist nicht gestattet, Abbildungen dieses Buches zu
scannen, in PCs oder auf CDs zu speichern oder in
PCs/Computern zu verändern oder einzeln oder zusam
men mit anderen Bildvorlagen zu manipulieren, es sei
denn mit schriftlicher Genehmigung des Verlages.

© 2003 Pattloch Verlag GmbH & Co. KG, München

Rezepte nach: Norbert Müller, Smoothies. Köstliche
Sommerdrinks, Augustus, München 2000

Gesamtgestaltung: Atelier Lehmacher, Friedberg (Bay.)
Illustrationen: Renate Lehmacher, Atelier Lehmacher
Druck und Bindung: Uhl, Radolfzell
Printed in Germany

ISBN 3-629-01214-0